洋経済

DX
中国
気候変動

リスクシナリオ 2021

米政権
貿易
経済
金融

週刊東洋経済 eビジネス新書　No.370

リスクシナリオ　２０２１

本書は、東洋経済新報社刊『週刊東洋経済』２０２０年１２月２６日・1月2日合併号より抜粋、加筆修正のうえ制作しています。情報は底本編集当時のものです。したがって、その後の経済や社会への影響は反映されていません。（標準読了時間　９０分）

リスクシナリオ　２０２１　目次

政治・経済のリスクシナリオ

2021年は「復興」と「後始末」の年に

新型コロナウイルスのパンデミック（世界的流行）が世界の風景を一変させてしまった2020年。2021年、世界はどこへ向かうのか。

1つの方向性は間違いなく「復興」だ。人類はまず、新型コロナの制御・克服に対処する必要がある。21年には大きな援軍が来る。ワクチンだ。

激しい開発競争が繰り広げられる中、米ファイザーと独ビオンテックが共同開発した、遺伝物質「メッセンジャーRNA」の活用による新型ワクチンの実用化が先行した。20年12月には英米で緊急使用許可が承認、ワクチン接種が始まった。21年前半には、他社製ワクチンを含め、日本など世界に行き渡り始める見通しだ。

途上国でのワクチン確保など課題はあるものの、重症化の予防効果も確認されているだけに、新型コロナの制御に向けたインパクトは大きい。新規感染者が増えにくくなったり、重症化リスクの低下で人々の恐怖感が薄れたりすれば、21年後半には世界のムードは変わっている可能性がある。

だが新型コロナの感染リスク管理では、国際比較でなく医療資源との比較が問われる。感染拡大により、対応ベッド数に対する重症者数の割合は東京と大阪で50%を超え、愛知と沖縄でも40%に達した。5都道府県が政府分科会の指標で最も厳しい「ステージ4」(爆発的感染拡大)を突破(2020年12月9日現在)。日本医師会の中川俊男会長は「地域医療が瀬戸際に追い込まれる状況にある」と危機感を訴える。

ワクチンが行き渡るまでには、まだ時間を要することから、まずは第3波を収束させることが必須だ。仮に重度の医療体制逼迫が起きれば、菅首相の判断の遅れに対し国民の批判が高まり、「復興」の年の出ばなに政局の混乱が起きかねない。日本特有のリスクだ。

2021年は「後始末」の始まり

21年前半に世界でワクチン接種が進み、その効果とともに人々の心理が変わってくると、今度は次の問題が待ち受ける。「復興」と並ぶ、21年のもう1つのキーワードは「後始末」だろう。

最大のポイントは、金融マーケットやマクロ経済運営の対応である。コロナ危機の下、世界中で戦後最大規模となる政府・中央銀行による金融大緩和や緊急支援融資、財政出動などが行われた。その結果、世界中で民間銀行預金や現金などのマネーストックは異例の膨張を見せ、日本でもバブル期以来の伸びとなっている。

これらの資金増加分は、コロナ危機が一段落したところで、借金返済に回れば元に戻る。だが、実際には株式などの資産バブルや消費・設備投資の過剰な再開に向かったり、一部の融資はコロナ危機で傷を負った産業での不良債権に転じたりする可能性がある。

また、ワクチン普及後に冷静になった投資家が「コロナ騒乱相場」の熱狂から冷め、資金をほかの資産に移したり、主要国が「自国第一」で金融・財政政策の後始末（引き締め）に乗り出したりする展開も否定できない。いずれにしろ、その際は株式や為替などの大波乱があってもおかしくない。

２１年はこうした「基本線」に対し、米国・バイデン新政権の国際連携や対中政策、グリーン投資やＤＸ（デジタルトランスフォーメーション）の加速などが絡んで複雑な状況を生み出しそうだ。

本誌では、ビジネスパーソンにとって必須となる２０２１年の１０大テーマを選び、大胆にリスクシナリオを占った。２０２１年ははたして真の復興への第一歩となるのだろうか。

（野村明弘）

政策総動員でGDP反転も格差と長期停滞の泥沼に

2020年10〜12月期は新型コロナウイルス流行の第3波を受けて欧米では部分的な活動制限やロックダウンが行われた。景気回復は一歩後退、実質GDP（国内総生産）成長率（前期比）は下振れし、欧州はマイナスに舞い戻ったとみられる。7〜9月期の大幅回復でも、先進各国のGDPはコロナ前の19年10〜12月期を下回る水準だ。

IMF（国際通貨基金）の20年10月時点の見通しは、新興国が中国の8・2%を筆頭に6・0%成長（20年はマイナス3・3%）と高い伸びで牽引、先進国は3・9%（20年はマイナス5・8%）と回復が遅れ、世界全体では5・2%（20年はマイナス4・4%）。政策総動員にもかかわらず、一部の新興国以外は2019年のG

ＤＰの水準に戻らないという見方で、これがおおむね市場のコンセンサスだ。

一方、ワクチンに期待をかける米ゴールドマン・サックスや米モルガン・スタンレーなど、米国が５％台の高い成長になるという強気な見方も存在する。

想定以上の早い回復も

リーマンショック後には、世界の成長率が下方屈折し元の成長軌道に戻らなかった。このときは、過剰投資・過剰債務の膨張・破裂という実体経済からくる調整であり、回復に時間がかかった。一方、今回のショックは純粋に外生的なものだ。

■ 先進国のGDPの戻りはまだ先
―2019年第4四半期対比20年第3四半期GDPの水準―

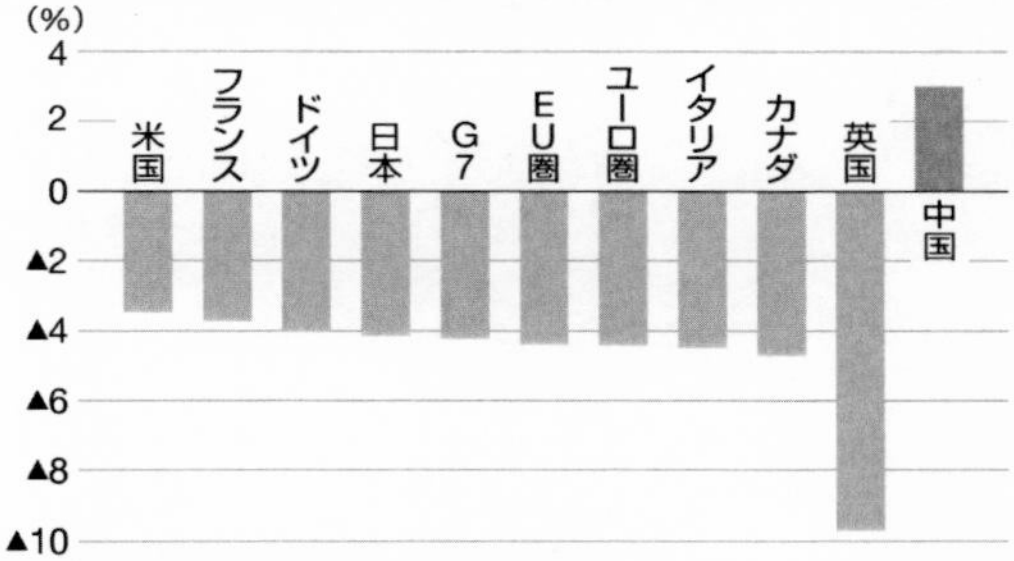

(注)季節調整済み、購買力平価でドル換算したベース。▲はマイナス
(出所)OECD

■ 先進国は低成長が続く
―先進国、新興国、世界の実質GDP成長率―

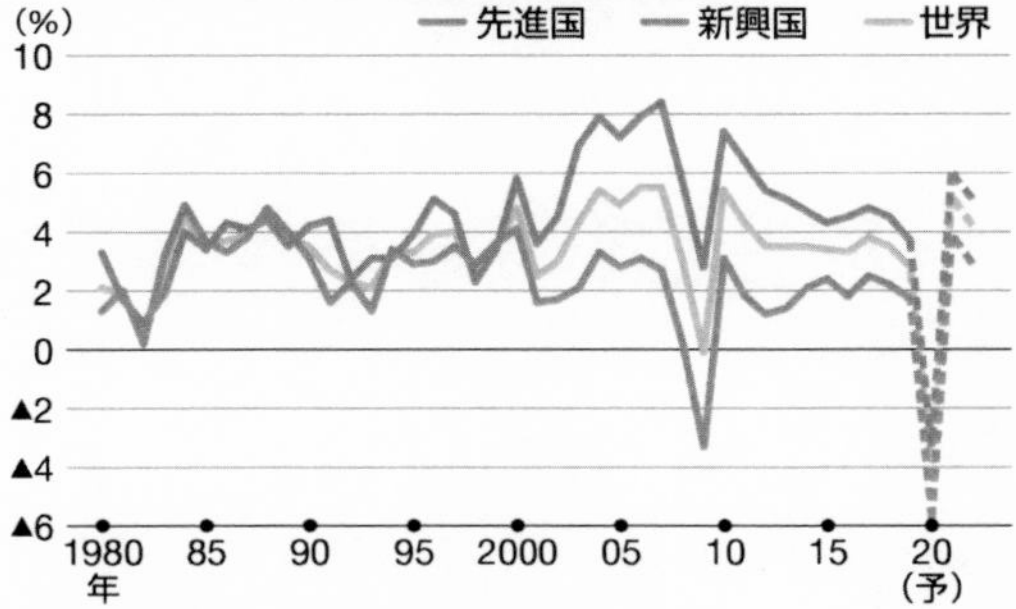

(注)2020年以降は予測。▲はマイナス　(出所)IMF

ＳＭＢＣ日興証券・森田長太郎チーフ金利ストラテジストは「グローバルな景気循環を見れば、むしろハイテクサイクル、中国の共産党（大会に起因する）サイクルからして、１９年に底を確認し、２０年は反転するはずだった。コロナ禍を脱して本来の軌道に戻るところに、米国の緩和マネーと米民主党の財政刺激策が加わると、２１年の後半には強すぎる景気が出現するリスクもある」と予想する。

確かに、前例のない規模の米国をはじめ、欧州や中国も金融緩和策、財政刺激策を総動員したため、すでに生産は復調。製造業ＰＭＩ（購買担当者景気指数）は新興国も先進国も好不況の境目の５０をおおむね超えている。デジタル化の加速で半導体需要が膨らんだことや、中国経済の復活による自動車需要の回復が大きい。これは資材の供給源である資源国・新興国への強い追い風だ。オランダ経済政策分析局のデータでは、世界の貿易量は２０年９月に１９年１２月比９８％まで回復。また、米国の実質金利がマイナスになりドル安が進んでいるため、資源国・新興国には資金が流れ込んでいる。

反動増の先のタフな現実

ただ、総需要政策頼みのリバウンドには問題も反動もある。

コロナ禍は経済的なショックではないとはいえ、以前から予測されていた変化を早めた面がある。旅行、レジャー関連や外食など、淘汰の避けられない業種が出てくる。デジタル化への対応の違いなどで、広い業種で生き残れる企業とそうでない企業の選別も進む。

労働者の選別・解雇も始まっている。米国ではすでに、完全失業者が増加しつつあるが、雇用の悪化は先進各国で避けられないだろう。こうした「雇用なき回復」の下では、コロナ禍で経済的に被害の大きい人々と恩恵を被る人々との格差が拡大する。

とくに格差の大きい米国では、バイデン新政権が公約に掲げる富裕層から中・低所得層への所得再分配が実現することが望ましいが、すでに議会のねじれや民主党内の対立が生じ実現は難しそうだ。

表面上のＧＤＰが回復していくと、財政支援には見直しの機運も高まるだろうが、それには政治的に反対が出る。米国も日本と同様の財政膨張に陥っていく可能性が高い。また、民間の中での資源配分の歪みは中長期の成長力をそぎ、リーマンショック後も議論された「長期停滞」からは脱することができない。21年の回復の山が高ければ高いほど、そうした水面下でのリスクがたまっていく。

一方、意気軒高な中国でも「コロナ対策で緩和政策を行ったことで再び資産価格が上昇する一方、国有企業を中心とする雇用調整圧力があり、微妙な舵取りを迫られる」(第一生命経済研究所の西濵徹主席エコノミスト)。米中両大国とも雇用に不安を抱え、次の景気後退まで根本的な問題解決は先送りされそうだ。

(大崎明子)

■ 欧米では職場への復帰が難しい
—職場にいた割合—

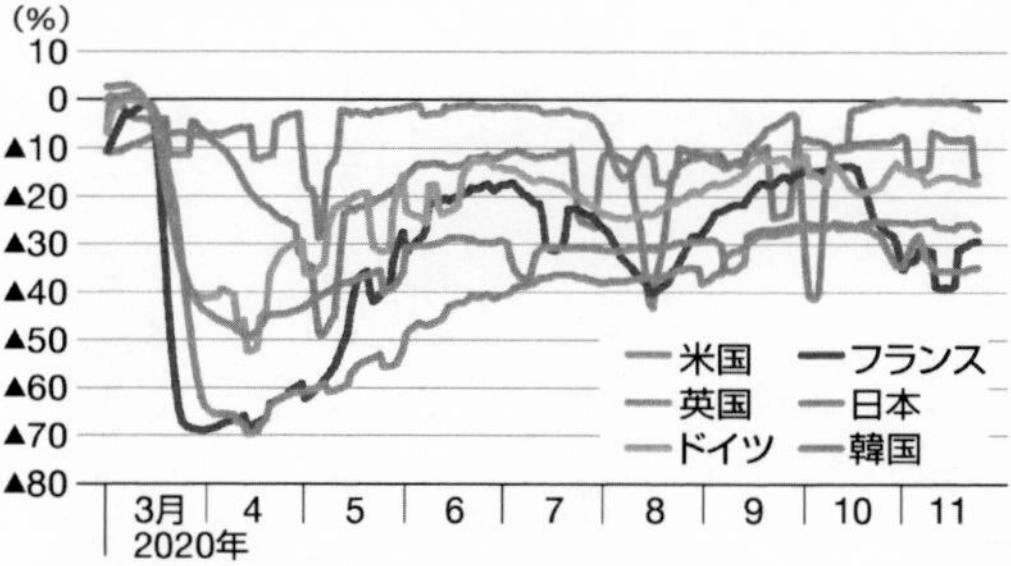

(注)コロナ禍前のベースラインからの変化、7日移動平均。▲はマイナス
(出所)Google Mobility Report

■ 各国とも財政出動で対応
—基礎的財政収支(対GDP比)—

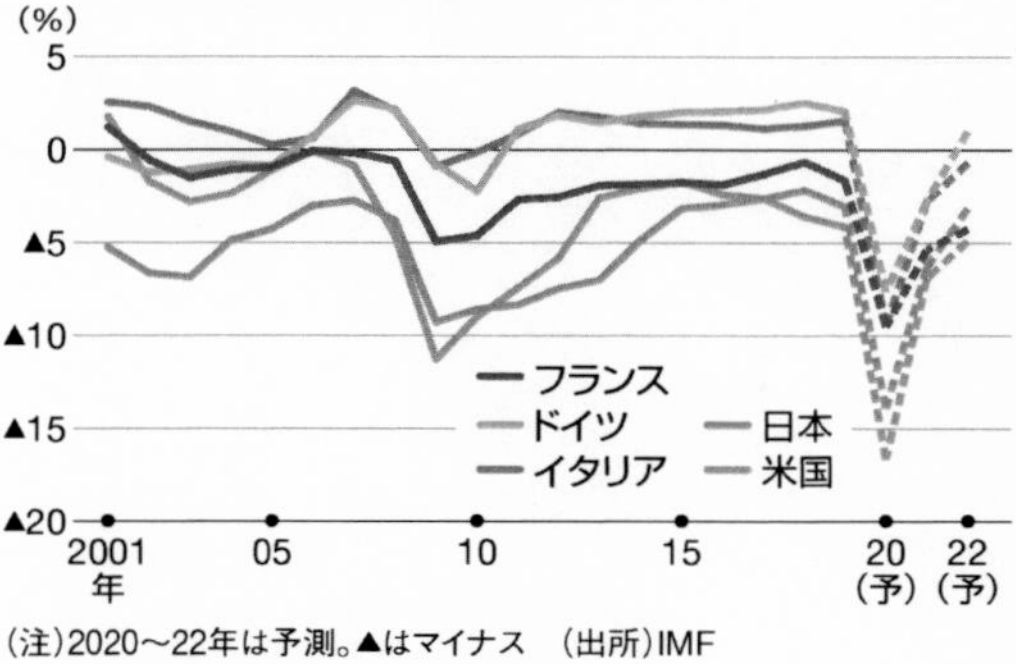

(注)2020〜22年は予測。▲はマイナス　(出所)IMF

残るトランプ主義者の怨恨 〝冷たい内戦〟で政策腰砕け

2021年1月20日正午、米国で民主党ジョー・バイデン新政権がスタートした。だが、その前途は極めて波乱含みだ。大統領選挙で不正があったとして敗北を認めない共和党のドナルド・トランプ大統領は、新大統領の就任式には出席せず、フロリダ州で集会を開くことを検討中と一部メディアは報じている。2024年の大統領選出馬を表明するとの観測もあるが、本当なら異例の事態だ。

式欠席だけならまだいい。バイデン次期大統領にとって実質的な意味でのリスクシナリオは、自らが目指すビジョンや政策が議会共和党やその支持者らの猛反発を受け、ほとんど実現できないことだ。勝利宣言で訴えた「米国民の団結と癒やし」にしても、脱炭素、格差是正、コロナ禍からの経済再生を同時に達成する「ビルドバックベター

（よりよい復興）構想」にしても、絵に描いた餅に終わる。そうした可能性は決して小さくない。

ねじれ議会で政策停滞

それを暗示するのが、2020年11月3日の大統領選と連邦議会選挙の結果だった。トランプ氏は負けたとはいえ、バラク・オバマ前大統領の記録をしのぐ約7400万票を獲得し、得票率は46・8％と前回（16年）を上回った。コロナ禍の逆風の中での結果だけに、トランプ人気の根強さをより深く印象づけた。トランプ氏は今後も政界に強大な影響力を保持する見込みで、共和党主流派も先々の選挙を考えれば、同氏に背を向けるわけにはいかないだろう。

議会選も事前の予想以上の接戦となった。下院では民主党が過半数を維持したが、議席を12減らした。一方、上院の最終結果は1月5日に行われるジョージア州2議席の決選投票を待つ必要がある。もし民主党が2議席とも獲得すれば議席数は半分の

50となり、上院議長を兼ねる副大統領が賛否同数の際に1票を投じるため、主導権を握れる。

しかし、2議席獲得は容易ではなく、共和党が上院の過半数を制し、上下両院の多数党が異なる「ねじれ議会」が続く可能性は高い。1993年発足のビル・クリントン政権以来、新政権の発足時は大統領の政党と上下両院の多数党が一致する「統一政府」だっただけに、まれに見る分裂スタートとなりそうだ。

加えて、トランプ氏が選挙を根拠もなく不正と断じて、法廷闘争に出たことで党派間対立は一段と先鋭化している。ウォーターゲート事件を暴いてリチャード・ニクソン大統領を辞任に導いたジャーナリストのカール・バーンスタイン氏は、「トランプ氏は虚偽情報を使って〝冷たい内戦〟の火に油を注いだ」とCNNで語っていた。

米ピュー・リサーチ・センターが選挙後に行った世論調査によると、民主党と共和党の対立について「減っている」との回答が8%だったのに対し、「増えている」との回答は69%で、共和党支持者に限ると74%に及んだ。下野する共和党側の怨恨と対立意識はとりわけ強い。「陰謀論」を信じる過激なトランプ支持者による暴動や国内テロの頻発も懸念されている。

ねじれ議会が続けば、バイデン政権の公約実現は困難となる。巨額の追加経済対策や環境・インフラ投資、医療保険制度改革法（オバマケア）の拡充、富裕層・大企業増税のための法案の多くは共和党の猛反発を受け、上院で否決される公算が大きい。政府高官人事の承認すら難航が予想される。

そうなると、コロナの感染拡大が続く中で適時かつ十分な景気対策を講じられず、再び不況色が強まるおそれがある。早期にパリ協定に復帰しても、気候変動対策で十分な予算を確保できなければ、世界で後れを取るかもしれない。

米国社会の分断の根底にある経済格差の是正も進まないだろう。上位１０％の富裕層に全資産の８割近くが集中するという先進国の中でも特異な状況は、大統領が１人代わっただけで解消できる問題ではないが、方向性だけでも転換すれば雰囲気は和らぐとの期待はある。それすら困難となれば、民主党政権に対する有権者の期待は失望に変わるかもしれない。

■上院選の決選投票がなお焦点
―2020年の米大統領選、連邦議会選の結果―

大統領選　選挙人過半数は270人

	当確 バイデン	トランプ
獲得選挙人数	306人	232人
得票率	51.3%	46.8%

上院選　非改選合わせ定数100議席

	民主党	共和党	未定
議席数（増減）	48（+1）	50（−3）	2

下院選　定数435議席

	民主党	共和党
議席数（増減）	223（−12）	212（+13）

（出所）現地報道を基に東洋経済作成

「内向き」は変わらず

しかも、民主党は「中道派ｖｓ．左派」という内なる対立も抱える。選挙戦中はトランプ打倒で一致団結したものの、選挙が終わったこれからは進歩的政策を求めるバーニー・サンダース上院議員ら左派からの圧力が強まる。左派議員の勢力自体も拡大している。つまり、中道派のバイデン氏が左派と共和党との板挟みに陥るのは間違いない。結果的に左派を満足させるような政策や人事を実現できなければ、民主党は分裂状態となり、２２年の中間選挙で惨敗し、２４年の大統領選で再び政権を奪われることになるかもしれない。

超大国・米国の政治的混迷は世界にも影響を及ぼす。バイデン氏は同盟国を中心とした国際協調を唱え、米国第一主義のトランプ政権との違いを強調する。だが、国内に課題が山積しており、「内向き」の傾向に変わりはない。激戦州の票を意識した産業保護主義的スタンスは続き、ＴＰＰ（環太平洋経済連携協定）への復帰を含め、自由貿易の推進は二の次になる。

３０万人超の国内死者を出したコロナ禍で財政赤字が急膨張する中、通商と防衛の面で日本などの同盟国に負担増を求めてくる公算は大きい。対中政策でも迷走が懸念される。不安定な米政権とどう付き合っていくか。今後もそれが重要なテーマであり続けるのは間違いないだろう。

（中村　稔）

尖閣めぐる対立が先鋭化　日中関係が菅政権の急所に

安倍晋三政権から菅義偉政権に持ち越された大きな宿題が、習近平国家主席の国賓訪日だ。もともと2020年の「桜の咲く頃」とされていたが、コロナ禍によって見送りに。香港への国家安全維持法導入などで中国への反発が日本でも高まる中、先送りで日本政府は助かっていた。

中国は日本にとって最大の貿易相手国だ。また菅首相は2030年にインバウンド観光客を6000万人に拡大するとした政府目標を堅持する考えだが、その柱は中国人観光客になるだろう。日米同盟を外交の基軸としつつ、中国との関係も損ないたくない。それが日本のジレンマだ。

安倍政権は習主席肝煎りの広域経済圏構想「一帯一路」に、透明性の向上など条件を付けつつ協力を表明した。一方で、米国がファーウェイ（華為技術）など中国のハイテク企業の製品を排除する場面では共同歩調を取ってきた。

だが21年には、こうした是々非々の対応を続けるのが難しくなる可能性が高い。米バイデン政権の下で部分的に修正が図られても、米中対立の構図はそう大きくは変わらない。

21年は中国共産党創立100年の節目だ。また22年には習主席が国家主席の3期目に入る公算が大きい。経済政策では対米関係の悪化をにらんで、内需拡大を成長のエンジンとする方向に舵を切った。20年10月に35年までの長期ビジョンを打ち出したのも、この路線に沿ったものだ。

米国との関係が修復可能な段階であれば、中国にとって日本の利用価値は大きかった。しかし、その段階はもう終わりつつある。

尖閣の実効支配を狙う

そこで懸念されるのは、尖閣諸島をめぐる対立の激化だ。20年には、中国からの圧力が一気に強くなった。中国海警局の船舶が20年に入って頻繁に日本領海に侵入。10月には領海侵入の連続時間が過去最長の57時間39分を記録した。

中国の狙いは、海上での警察権行使を担う中国海警局の活動を常態化させることだ。既成事実を重ねれば、尖閣諸島周辺で中国が「実効支配」を行っているという印象を内外に与えられる。

米大統領選挙に勝利したバイデン氏は11月12日に菅首相との電話会談で「尖閣諸島は米国の日本防衛義務を定めた日米安保条約第5条の対象」と明言した。尖閣諸島をめぐる紛争に米軍が介入することに言質を与えるものとして日本で歓迎されたが、第5条が範囲とするのは「日本国の施政の下にある領域」だ。中国による実効支配の主張が国際的に支持を集めれば米軍介入の根拠は失われる。米国は尖閣諸島の領有権が日本にあると認めているわけではないからだ。

「日本は施政権維持を積極的にアピールしなければならない。国際社会には中国の味方も多く、領土問題が存在しないとする日本の立場が支持されるかは楽観すべきではない」とアジア経済研究所の江藤名保子・副主任研究員は語る。

中国による「既成事実化」は南シナ海で先例がある。中国は実効支配する南シナ海のスプラトリー諸島（南沙群島）で12年から大規模な埋め立てを開始、軍事拠点化を進めた。パラセル諸島（西沙群島）も含めて中国の実効支配が既成事実化している。

中国は九州を起点に、沖縄、台湾、フィリピンを経て南シナ海につながる「第1列島線」を対米戦略上の防衛ラインとする。その内側を自国の勢力圏にする意図があるとみられている。尖閣周辺での行動もその一環だ。

周辺海域を自国の勢力圏に置くために中国は着々と布石を打っている。中国では20年12月下旬に、「海警法」が成立した。中国海警局の位置づけや武力行使などの権限を明確にするもので、同法の制定には、周辺国との係争が存在する海域の実効支配を国内法で裏付ける狙いがあると思われる。

九州大学の益尾知佐子准教授は21年3月に策定されるとみられる新たな「海島保護長期計画」に注目する。ポイントは、今まで存在しなかった尖閣諸島に関する行動計画が入るかどうかだ。もし入れば、尖閣諸島の実効支配を確立するため、海警局の日本領海内での活動に拍車がかかる可能性が高い。対応する日本の海上保安庁の負担は増すばかりだ。

「日本海の大和堆でも中国漁船の違法操業が増えている。中国当局が黙認しているのは、海保のリソースを分散させ、疲弊させることを狙っている可能性が高い」（益尾准教授）。物量作戦で圧力をかけ続ければ日本はいずれ音を上げるとの思惑だろう。

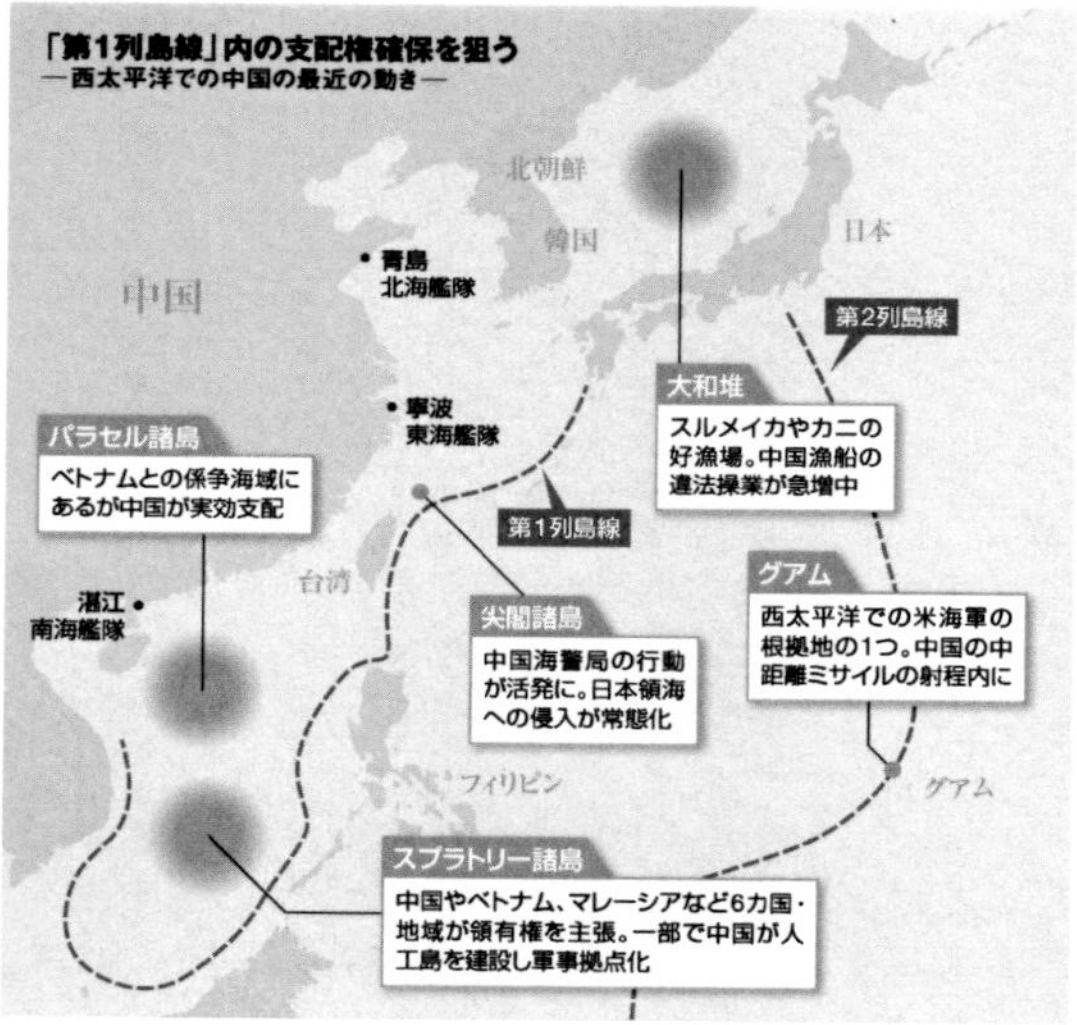
「第1列島線」内の支配権確保を狙う
―西太平洋での中国の最近の動き―
北朝鮮
韓国
日本
中国
青島
北海艦隊
寧波
東海艦隊
湛江
南海艦隊
台湾
フィリピン
グアム
第1列島線
第2列島線
パラセル諸島
ベトナムとの係争海域にあるが中国が実効支配
大和堆
スルメイカやカニの好漁場。中国漁船の違法操業が急増中
尖閣諸島
中国海警局の行動が活発に。日本領海への侵入が常態化
グアム
西太平洋での米海軍の根拠地の1つ。中国の中距離ミサイルの射程内に
スプラトリー諸島
中国やベトナム、マレーシアなど6カ国・地域が領有権を主張。一部で中国が人工島を建設し軍事拠点化

言論NPOが20年9~10月に行った調査では、日中共同世論調査で中国に「よくない」印象を持つ日本人は、前年比5・0ポイント増の89・7%。悪化の最大の理由は尖閣問題だった。

尖閣での対立がさらに先鋭化する中で、習主席訪日やインバウンドの振興を進めるのは容易でない。日中関係は菅政権のアキレス腱になりかねない。

（西村豪太）

〔まさかのシナリオ〕中国が台湾武力統一に動く

40年にわたり台湾海峡の安定を支えてきた「あいまい戦略」が転機を迎えている。中国が台湾を武力攻撃した場合、台湾を防衛するのか否かを米国は意図的にあいまいにしてきた。中国を抑止する一方、明言しないことで台湾独立の動きを牽制して紛争リスクを低めてきたのだ。

米トランプ政権は政府高官の訪台、先端兵器の売却など台湾との関係に思い切って踏み込んできた。ポンペオ米国務長官は11月12日に「台湾は中国の一部ではない」

と、中国が最も重視する「一つの中国」の原則まで否定した。

バイデン政権はトランプ政権の措置を見直す可能性があるが、米国が台湾への関与を弱めたと見なされれば中国による台湾武力統一を誘発しかねない。それを避けるため、米国には「『一つの中国』の維持を再確認する一方、台湾攻撃に対しては米軍が介入すると明言するべきだ」との議論がある。日本の安全保障上、目が離せないテーマだ。

トランプ氏退場後も不安　米中間で日本に踏み絵

「ディールを振りかざしたトランプ氏に比べると、バイデン氏は国際協調を尊重する。保護主義的な制裁関税にも批判的だ。それでも、通商政策の劇的な変化は期待しにくい」。みずほ総合研究所の小野亮理事・フェローは、米バイデン新政権の通商政策の行方をそのように予測する。

日本にとって、自由貿易は経済活動の基盤だ。しかし、トランプ大統領の4年間で世界の自由貿易は大きく傷ついた。背景には、米国での二極化の進展による保護主義の高まりと、米中対立激化による安全保障上の規制強化の波がある。

「トヨタは米国向けカローラを生産するために、メキシコのバハに工場を建てるという。ありえない！　米国に工場を建設しないなら、高額の関税を払え」

2017年1月5日、大統領就任前のトランプ氏は、ツイッターでトヨタ自動車を〝口撃〟した。「アメリカ・ファースト」を掲げるトランプ氏は、米ゼネラル・モーターズ（GM）やフォードなどのメキシコ生産を非難していた。

トランプ氏は大統領選挙での公約で、NAFTA（北米自由貿易協定）の再交渉を掲げていた。1994年にNAFTAが発効して以降、多くの企業が人件費の安いメキシコに米国向けの生産拠点を置いていた。トランプ氏はNAFTAとメキシコを米国の生産と雇用が流出する元凶と主張していた。

メキシコで新工場を建設中だったトヨタは、このツイートの直前、豊田章男社長が新工場の計画見直しに否定的な発言をしていた。このことを知ったトランプ氏が、トヨタに矛先を向けたと思われる。

結局、NAFTAはUSMCA（米国・メキシコ・カナダ協定）へと衣替えとなり、メキシコやカナダでの生産に対し、米国の関税の免除・減免を受けるための条件が大幅に厳格化された。自動車産業を中心に多くの企業が影響を受けることになる。

トランプ氏は太陽光パネルや大型洗濯機、鉄鋼、アルミ製品など幅広い分野で追加関税をかけていく。主にターゲットになったのは中国だったが、同盟国に対しても容赦しなかった。さらに安全保障上の理由から中国の通信機器大手、ファーウェイ向け取引を規制。半導体関連を中心に中国企業への輸出規制も広がった。

■保護主義が再燃している
—国際市場に関する出来事—

年代	米大統領	出来事
1980年代		自動車、半導体などで日米摩擦
89〜92	ブッシュ・父	日米構造協議（89） 日本車メーカーに対する米国製品部品購入の努力義務
93〜2000	クリントン	NAFTA発効（94） スーパー301条に基づく日本製高級車への高率関税の動き WTO設立（95）
01〜08	ブッシュ	中国のWTO加盟（01） リーマンショック
09〜16	オバマ	英国のEU離脱が可決（16）
17〜20	トランプ	NAFTA再交渉妥結（18）、米国に有利な現産地規制 米中摩擦激化。対中関税（18）、ファーウェイ禁輸リスト入り（19）
21〜	バイデン	

自国第一主義の蔓延

米中対立の激化

（注）赤字は保護貿易的な動き、青字は自由貿易的な動き

新政権も基本は米国第一

バイデン氏の公約にも、海外生産への懲罰税や米国生産での税制優遇措置がある。敗れたとはいえ、トランプ氏は12年のオバマ大統領の当選票数より多い7400万票を獲得した。22年の中間選挙、24年の大統領選挙を見据えれば、アメリカ・ファーストは維持せざるをえない。

さらに、対中強硬姿勢は米国で超党派の流れになっている。トランプ氏ならディール次第という面もあったが、バイデン氏は中国の人権問題で妥協の余地が少なく、対立激化のリスクが高まるという見方が強い。

日本企業はこうした厳しい環境に、どう対処していくのか。

対米輸出比率が高く、米州での生産拡大が課題の自動車メーカー役員は、「どこで生産するかは、サプライヤー確保や関税、労務費など複雑な要素が絡む。しかも、1つの工場を造るのに4～5年かかる。（USMCAのように）前提条件が変わるなら対応は難しい」と苦しい胸の内を明かす。

メキシコで生産を行う中堅自動車部品メーカーでは、USMCAの免税要件に合わせて労務費引き上げか関税支払いのどちらがコストを抑えられるか検討中だ。

鉄鋼メーカー首脳は、「日本から輸出している高級鋼の関税が高くなれば、海外の出資先に技術移転して現地で生産できるようにして顧客に納める」と言う。ただ、「そうすると日本での生産量が減る。日本の生産拠点をどう生き残らせるか」と表情を曇らせる。

米中対立による影響と対応策はどうか。撮像素子（イメージセンサー）で世界トップのソニーは、20年8月の米国政府の輸出規制でファーウェイとの取引を停止。20年度下期は同部門の利益が急落する。顧客開拓に努めるが、高機能品を大量購入していたファーウェイの穴を短期的には埋められない。一部の設備投資も取りやめた。

米中対立が激化すれば、「日本企業は踏み絵を踏まされる」（日本経団連幹部）。中国も対抗措置を繰り出しているからだ。巨大市場と決済手段のドルを持つ米国には逆らえないが、成長市場でかつサプライチェーンの要となった中国を捨てるわけにもいかない。中国にあるサプライチェーンの一部を東南アジアや日本に移す動きもあるが、

「脱中国は現実的ではない」と中堅電機メーカー役員は言い切る。

トヨタ関係者は「米国と中国どちらの市場も諦めない。12年の尖閣問題で中国のトヨタ販売店が放火されたが逃げなかった。米中に限らず、今後も海外は現地で認められる努力をするだけ」と語る。

交易条件が変わるリスクがあるのは米国や中国だけではない。

20年1月末でEU(欧州連合)から離脱(ブレグジット)した英国。離脱後の貿易協定が決まらないまま時間だけが過ぎていく。日本企業の英国拠点はほとんどが英国市場よりもEU全体をにらんだものだ。日英包括的経済連携協定(EPA)は20年2月に締結されたが、EUとの関係が壊れればカバーはできない。

ブレグジットも英国での二極化による自国第一主義が招いた。新型コロナウイルス感染症で各国経済が悪化すれば、自国第一主義は力を増しそうだ。トランプ氏が退場しても、自由貿易に対するリスクは消えそうにない。

(山田雄大)

〔まさかのシナリオ〕中国の参加でＴＰＰが変質

「積極的に検討している」。中国の習近平国家主席は１１月２０日、アジア太平洋経済協力会議（ＡＰＥＣ）首脳会談で、環太平洋経済連携協定（ＴＰＰ）への参加に前向きな姿勢を表明。さらに「自由で開放的な貿易と投資を促進する」とも打ち出した。

バイデン政権になっても、米国がＴＰＰに復帰する見通しは立たない。米国が保護主義に走る中、最近では中国が自由貿易の旗振り役を演じるようになっている。しかし実際は、中国は国有企業を優遇し、外国企業の経済活動にさまざまな制限をかけている。

ＴＰＰは貿易や投資について高い水準での自由化ルールを定めている。中国がＴＰＰに参加するには経済活動の自由化を一気に進めるか、ルールの変更を参加国に認めさせるかのどちらかしかない。いずれも可能性は低いが、まさかがあるとすれば後者だろう。その場合、ＴＰＰはまったく別物になっているはずだ。

南北関係の打開望む韓国　東京五輪利用の下心

　米中対立が深まる中で、中国との距離が近い北朝鮮が静かだ。米大統領選後も、米国に関する発言が聞こえてこない。「不思議なほど仲がいい」と称されたトランプ大統領の再選が成らず、北朝鮮の金正恩（キムジョンウン）・朝鮮労働党委員長は不満なのか。「バイデン氏当選が気に入らず、口にするのもいまいましいのだろう」（北京の北朝鮮関係者）という指摘は案外、本質をついているのかもしれない。

　とはいえ北朝鮮は今、国内が慌ただしい時期を迎えている。朝鮮労働党大会の2021年1月中の開催を宣言した金委員長は、国家的イベントの準備に余念がないためだ。それゆえ、対外関係は後回しにもなっている。実際、11月には党中央委員会政治局拡大会議を2回開き、準備状況を点検した。

さらに12月はもともと、北朝鮮では末端の組織まで「総括」と呼ばれる作業に入る時期だ。総括は前年に計画された内容の総点検と2021年の計画を立案する重要な作業だ。とくに20年はコロナ対策に追われ、「国家非常防疫活動のいっそうの強化」を掲げている。加えて20年秋には大規模な水害に遭い、復旧作業が完全に終わっていない。これまで、人民生活の向上をアピールし続けてきた金委員長としては、国内懸案の解消に何はともあれ動かざるをえないのだ。

「正面突破戦」が強固に?

ただ、仮にトランプ大統領が再選していたとしても、北朝鮮の対米外交にそれほど変化はなかっただろう。19年末に国家方針を「正面突破戦」と位置づけており、内外の状況を考えると、この方針は今でも変わっていないためだ。

「正面突破戦」とは、外部環境がどうであれ、自国の資源を活用する「自力更生」で国家運営を行うという意味だ。自国経済を苦しめている経済制裁が解除・緩和される兆しがまったく見えない。それなら、自分でやれるところまでやるしかないという方針である。

バイデン氏の当選で、正面突破戦堅持の姿勢は強まるかもしれない。オバマ政権時代の副大統領であり、「戦略的忍耐」と称して北朝鮮との交渉に消極的な路線に関与したのはバイデン氏だからだ。

バイデン政権の外交政策でも、対北朝鮮の優先順位は高くない。まったく同じとはいえないまでも、北朝鮮に対しては「戦略的忍耐」のような消極的姿勢を貫く可能性は高い。

正面突破戦には、核を放棄せず、さらなる開発を進めるという内容も含まれる。そのため、バイデン政権発足後に新型、あるいは改良型の大陸間弾道ミサイルの発射実験などを行う可能性がある。こういう動きを抑えようと米国側が先に交渉姿勢を見せるのであれば、条件次第では米国との交渉のテーブルに着く可能性があるかもしれない。

22年5月の任期満了まで1年半を切った韓国の文在寅(ムンジェイン)政権にとって21年は正念場だ。1期5年再任なしのため、大統領は任期中だが影響力を失う

「レームダック化」に直面している。21年4月にはソウルと釜山の2大都市で市長選挙が行われ、結果次第では文政権の政治力が衰える可能性がある。さらに次期大統領の選挙戦が本格化するので、文政権はレガシーを残そうと政権運営のスピードを上げるだろう。

最近では対日関係での動向が目立つ。日韓関係は現在、最悪だ。元徴用工が補償を求めた裁判で韓国大法院（最高裁判所）が日本企業に補償を命じる判決を出して以降、その処理をめぐり日韓の対立が続く。文政権は「司法の判断には介入できない」とし、日本に対し有効な提案をしなかった。日本政府は「国際法違反」と一歩も譲らないまま。その後、半導体材料などの対韓輸出規制や韓国によるＧＳＯＭＩＡ（軍事情報包括保護協定）からの離脱問題が生じ、日韓対立がさらに深まった。

■日韓関係をこじらせてきた元徴用工裁判判決
—日韓の動き—

年月		出来事
2018年	10月30日	元徴用工が起こした裁判で、韓国大法院（最高裁）が日本製鉄に賠償命令
	11月21日	韓国政府が慰安婦問題をめぐる日韓合意に基づいて設立した財団の解散を発表
19年	5月 1日	元徴用工裁判の原告が日本製鉄などの資産売却命令を裁判所に申し立て
	7月 1日	日本政府が半導体材料などの対韓輸出規制の強化を発表
	8月 2日	日本が輸出管理上の優遇対象国から韓国を除外することを発表
	23日	韓国が日韓軍事情報包括保護協定（GSOMIA）の破棄決定を日本に通告
	11月22日	韓国がGSOMIAの破棄凍結を決める
20年	6月18日	韓国が世界貿易機関（WTO）に紛争処理パネルの設置を要請
	8月 4日	元徴用工裁判で、韓国で差し押さえられた資産の現金化が可能に

（出所）発表資料等を基に東洋経済作成

「五輪まで凍結」の真意

ところが、20年11月に情報機関の国家情報院の朴智元（パクチウォン）院長や、韓日議員連盟の金振杓（キムジンピョ）会長が相次いで訪日、菅義偉首相などと面会した。金会長は「日韓の首脳が（解決に向けて何らかの）決断ができれば最善だが、できなければ結論を来夏の東京五輪まで凍結しよう」との提案まで行った。

この東京五輪というタイミングも意味深長だ。隣国で行われる世界の祭典のために、懸案を棚上げしようというのはわからないではない。しかし、これに韓国の下心が見え隠れするのだ。18年の韓国・平昌（ピョンチャン）冬季五輪では北朝鮮が参加し、同年の3回の首脳会談や米朝首脳会談実現への布石になった。「今回も東京五輪と日本を利用して、南北関係を動かそうとしている」との見方が出ている。

日本がそうみるのも、前出の金会長が帰国後、「金正恩委員長が東京五輪に出席する意向があるなら、正式に招待することが可能だと日本政府が表明した」と主張したためだ。「金会長の個人的な意見」と日本は否定したが、こんな発言が出てくると韓国が一方的に五輪を利用するとの懸念が拭えない。

日本を舞台とした世界的イベントをテコに北朝鮮を動かすという、文政権の意図はわからぬでもない。だが、これはあまりにも日朝関係の現実を無視した行動で結果的に日韓関係をさらに損ないかねない。

五輪を口実に金委員長が訪日できるような条件は、日朝間にはまったくない。日本国内の朝鮮学校への補助金適用除外が続き、幼児教育・保育無償化の対象からも外されていることを北朝鮮は「敵対行為」と見なしている。同時に、北朝鮮が「解決済み」とする拉致問題に解決の兆しは見えず、核・ミサイル力を誇示する北朝鮮とは対話の糸口もつかめない。日本の世論も北朝鮮への接近を許すような雰囲気ではない。ただでさえ国交のない日朝間には、五輪を舞台に北朝鮮の指導者を招き入れるような状況はありえないのだ。

（福田恵介）

〔まさかのシナリオ〕韓国が日韓関係改善に動く

韓国では、日本との関係改善に文在寅大統領は本気だという指摘がある。韓国要人らによる訪日といった動きは、「改善に向けた立法・行政による司法への圧力なのだ」との見方だ。

韓国の司法はこれまで歴代政権の政策や意向に沿うような判断を下すことがあった。元徴用工裁判の判決もそうだ。今回は逆に、日本との関係改善に動く、だから差し押さえ中の日本企業の資産について売却を許可するという判断を簡単に出すな、という政府から司法へのシグナルだという。文政権はにわかに日韓関係の改善に舵を切る可能性があるということだ。

これまで、韓国政府が元徴用工らに補償した後に日本政府に支払いを求めるという案や、日韓企業が資金を拠出する基金から補償するという案が出てきた。しかし1965年の日韓基本条約で解決済みとする日本の立場はそう簡単に変えられない。この状況を、韓国は理解していないようだ。

金融システムをも揺さぶる「座礁資産危機」の現実味

菅義偉首相は2020年10月26日の所信表明演説で、50年までに温室効果ガス排出を実質ゼロにすると宣言した。すでにEU（欧州連合）は19年12月に同じ目標で合意。世界最大の排出国である中国は20年9月、習近平国家主席が国連総会で60年までの実質ゼロを表明した。

そして米国では50年までの実質ゼロ目標を掲げるジョー・バイデン政権が21年1月に始動する。経済規模で世界の上位4カ国・地域（G4）が「パリ協定」に沿った削減目標で足並みをそろえることになる。

今後、目標達成に向けた対策が世界の国や自治体、企業、金融機関などあらゆるレベルで加速していく。各国とも気候変動対策をポストコロナの成長戦略の柱に位置づけていることもあって、関連のニュースフローは一気に勢いを増した。ESG（環境・社会・企業統治）投資が急拡大する株式市場では、投機的人気も手伝って脱炭素関連株が乱舞している。

■脱炭素で明暗が分かれる日米企業の株価

	社名	業種	騰落率（%）
米国	オクシデンタル・ペトロリウム	石油開発	▲60
	エクソンモービル	石油開発	▲42
	ドミニオン・エナジー	電力	▲5
	ニューコア	鉄鋼	▲3
	ネクステラ・エナジー	再エネ発電	24
	ファースト・ソーラー	太陽電池	69
	エンフェーズ・エナジー	インバーター	438
	テスラ	EV	600
日本	J-POWER（電源開発）	電力	▲46
	国際石油開発帝石	石油開発	▲46
	ENEOS HD	石油精製	▲24
	日本製鉄	鉄鋼	▲20
	岩谷産業	液化水素	56
	エフオン	バイオマス	60
	ウエストHD	太陽光工事	121
	レノバ	再エネ発電	438

（注）株価騰落率は11月27日終値の2019年末終値比。HDはホールディングスの略。▲はマイナス

3つの気候変動リスク

脱炭素化の動きが強まる背景に、気候変動が世界経済に及ぼすリスクへの関心の高まりがある。気候変動対策それ自体がはらむリスクにも注目が集まりそうだ。

気候変動リスクは主に3つある。1つは、地球温暖化に伴う深刻な自然災害によって、不動産価値の下落や生産活動の停止といった形で損失が拡大する「物理的リスク」だ。米豪での大規模な山火事や、日本国内での巨大台風による大洪水などの被害がそれに当たる。こうした災害は散発的に発生するためすぐに忘れられてしまいがちだが、その頻度は年々確実に高まり、長期的には回復不能の壊滅的損害に発展するおそれがある。

2つ目は「物価リスク」。自然災害による供給難で農作物やエネルギー資源、製品・サービスの価格が高騰するといった事態だ。個人消費も落ち込んでスタグフレーション（インフレと不況の同時進行）に陥るおそれもある。

そして3つ目が「移行リスク」と呼ばれるものだ。低炭素社会への移行に向けた政策・制度の変化、市場や顧客の意識変化、技術の変化などが企業経営に与えるリスクを指す。今後これが急速に増大する可能性がある。

中でも影響が大きいのが、炭素価格（カーボンプライス）の引き上げだ。手段としては炭素税（日本の地球温暖化対策税もその一種）と排出枠取引制度がある。2050年までに脱炭素化を実現するには、世界的に炭素価格を大幅に引き上げ、化石燃料から再生可能エネルギーへの移行を加速する必要がある。電力や製鉄など化石燃料を利用する業界への影響は甚大だ。

すでに他地域に比べて高率の炭素税を導入しているEUは、環境規制の緩い国からの輸入品に課税する「国境炭素税」の導入も検討しており、実施されれば域外企業への影響は大きい。国内での炭素税導入論議とともに注目される。

移行リスクの潜在性

ESG投資の急拡大も移行リスクとして企業経営を揺るがす。年金基金などの大手機関投資家は、石炭火力発電など化石燃料関連企業からの資金引き揚げ（ダイベストメント）を強化している。石油・天然ガスの需要と価格の長期見通し引き下げを前提とした国際石油メジャーの巨額減損も、ESG投資の圧力によるところが大きい。グリーン投資の適格基準となるEUタクソノミーが22年から適用されれば、投資先の選別が一段と強まりそうだ。

こうした移行リスクに伴い、化石燃料関連の施設や未採掘資源などの価値が毀損することで生じる「座礁資産」が急膨張する可能性は高い。世界の中央銀行が加盟するBIS（国際決済銀行）が20年1月に発表した「グリーンスワン報告書」は、まさにその潜在リスクの巨大さを警告するものだった。世界の座礁資産は最大18兆ドル（約1900兆円）に上るとの試算を示し、それらへの投融資が不良債権化していくことで、想定外のブラックスワン的な金融システム危機の引き金になりうると結論づけた。各国の金融機関はそうした危機に備える必要がある。

中長期的なリスクとしては、世界で熾烈化する技術覇権競争での敗北もある。再エネ、水素、蓄電池、電動車、カーボンリサイクルといった脱炭素技術で競争力を確保できなければ、経済の潜在成長力低下に直結しかねない。とりわけ中国の台頭は著しく、日本の産業界の危機感は高まっている。

その意味でも政府は早急に「日本版グリーンディール」の実行計画を策定し、民間のイノベーションを促す必要がある。原子力発電の位置づけの明確化を含めたエネルギーミックスの見直し、欧州気候法案のような50年実質ゼロ目標の法制化も課題だ。政治的リーダーシップの欠如こそ最大のリスクといえるだろう。


（中村　稔）

〈まさかのシナリオ〉「グリーンスワン」が現実に

2008年の世界金融危機の引き金となった米国のサブプライムローンは1・3兆ドル規模といわれた。これに対し、座礁資産の規模は最大18兆ドルとも試算されている。座礁資産の投げ売り、化石燃料関連企業の破綻続出といった状況になれば、BISの警告どおり金融危機に発展する可能性はある。

そのときの危険度が高すぎるゆえに、環境政策で先行するEUでさえ思い切って大幅に炭素価格を引き上げることができない。銀行も十分な準備ができていない。本格的なストレステストはこれからだ。もし「グリーンスワン」が姿を現せば、中央銀行が「最後の貸し手」となって、化石燃料関連の不良債権を引き取るという事態も想定される。

脱炭素化は雇用や地域経済にも多大な影響を及ぼす。政府は移行のための支援策を用意する必要がある。それには大きなコスト（税金）がかかる。脱炭素を宣言するのは簡単だが、その道のりは険しい。

■ 気候変動発の金融危機「グリーンスワン」

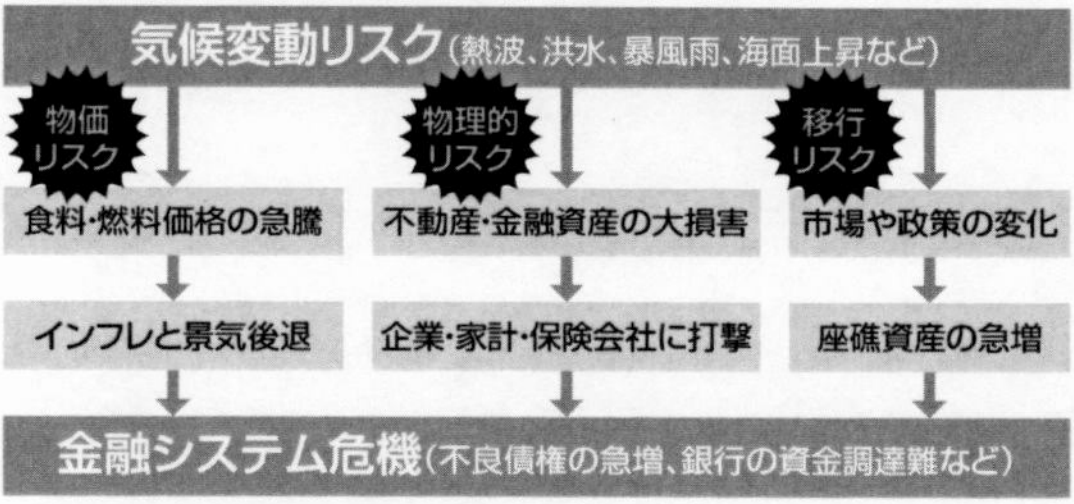

(出所)BIS 報告書を基に東洋経済作成

日本企業が「デジタル敗戦」　劇的変化への対応に失敗

「日本企業はＤＸ（デジタルトランスフォーメーション）を急ぐ必要がある。今は100年単位での大きな歴史の転換期。3年で勝負はつく、5年後では間に合わない」こんな危機感を募らせるのは、デジタルビジネス・イノベーションセンター（ＤＢＩＣ）共同設立者の西野弘氏だ。コンサルティング会社の経営経験が長く、海外のＩＴ事情にも詳しい西野氏は、非営利のＤＢＩＣで企業のデジタルイノベーション支援を行う中で、日本企業はＤＸに完全に取り残されていると感じている。

ここ数年、ＤＸという言葉が急速に広がっている。2004年にスウェーデンの大学教授が提唱した「ＩＴの社会への浸透によって生活を（よい方向に）変化させる」といった概念が起点だが、18年に経済産業省が「デジタルトランスフォーメーション（ＤＸ）を推進するためのガイドライン」を公表したことで、日本でも使われるようになった。

同ガイドラインではＤＸを「企業が外部エコシステム（顧客、市場）の破壊的な変化に対応しつつ、内部エコシステム（組織、文化、従業員）の変革を牽引しながら、第３のプラットフォーム（クラウド、モビリティ、ビッグデータ／アナリティクス、ソーシャル技術）を利用して、（中略）新しいビジネスモデルを通して、（中略）競争上の優位性を確立すること」と説明している（ＩＴ専門調査会社のIDC Japanによる定義）。

デジタルより変革に力点

長たらしい説明だが、ざっくりいえば事業環境の劇的な変化に応じてビジネスモデルを変革させることだ。そのビジネスモデルとはデジタル時代に対応したものであり、変革の成功にはデジタル技術を使いこなすことが大前提だ。

これまでも「ＩＴ」「ｅビジネス」「ビッグデータ」など、テック業界を中心にバズワード（業界のはやり言葉）が叫ばれてきた。どれも重要な概念だったが、そのほとんどはシステム会社がＩＴ投資を引き出す宣伝文句の域を出なかった。しかし、ＤＸは従来のバズワードとは違う。

流通では米アマゾンがますます強くなり、単品のデジタル製品の多くはスマートフォンに駆逐された。金融はフィンテックの脅威にさらされ、自動車業界はＣＡＳＥ（コネクテッド、自動運転、シェアリング、電動化）による１００年に1度の変革期を迎えている。こういった変化は、今に始まったものではないし、今後も続くものだが、勝負はこれから数年でつくというのが、西野氏の危機感なのだ。

背景にはインターネットやスマホ、ＡＩ、５Ｇといった技術の定着と進化がある。一般化して四半世紀の技術からここ数年の技術までが重なり合って、ビジネス環境が急速に変わり始めた。さらに、脱炭素化が、ＩＴによる変化から比較的遠かった鉄鋼や化学といった産業にも変革を迫っている。

しかも、新型コロナウイルス感染症が事業環境の変化を加速させている。飲食や観光、交通、不動産といった業界が激変に見舞われる一方、オンライン会議システムや出前サービスが急成長し、ネット通販も一段と普及した。落ち込んだ経済のテコ入れにグリーンニューディールが打ち出されたことで、脱炭素化も勢いを増している。

こうした劇的な変化に日本企業は対応できているのか。スイスのビジネススクール・ＩＭＤが毎年作成するデジタル競争力ランキングで、２０年の日本は２７位。前年の２３位から順位を落とした。デジタル庁の創設や行政の脱ハンコなどの動きがようやく出てきたものの、日本のデジタル化は進んでいるとはいえない。

ソニーとパナの明暗

日本企業自体もそうなのか。「国を単位としているが、ランキングではその国の企業の評価が重要な構成要素になっている。日本の、主に大企業の経営者や幹部が、自分たちのデジタル競争力に対して後ろ向きの評価をしている」とＩＭＤ北東アジア代表の高津尚志氏は説明する。

「日本企業」とひとくくりにするのは乱暴かもしれない。例えば重機のＩＴ化で先行したコマツや、リカーリングモデル（継続課金型）を確立しつつあるソニー、電気自動車（ＥＶ）向けモーター事業の強化に余念がない日本電産など、デジタル時代への対応で成果が出始めた企業もある。

とはいえ、パナソニックや三菱重工業などのコングロマリット、百貨店、総合スーパー、アパレル、メディアなど多くの企業が、ＤＸという言葉がなかった時代からビジネスモデルの変革の必要性を指摘されながら、手つかずのままだ。自動車でも、変化を先取りした米テスラに、日本の全自動車メーカーは時価総額で抜かれてしまった。

日本企業の変革が進まないのは過去の成功体験や既存事業との競合などさまざまな理由がある。

「企業のトップと若手には危機感があるが、ミドル層が意図せず改革のブレーキになってしまうことがある」とボストン コンサルティング グループ（ＢＣＧ）の東海林一マネージング・ディレクターは指摘する。「ミドル層は既存のミッションに忠実で一生懸命やるがゆえに、組織改革には慎重になってしまう」という。

ＩＭＤの高津氏は、「大企業の部長クラスの年収は１０００万円から２０００万円。

住宅ローンや教育費でキャリア上のリスクは取りにくい」と、企業のインセンティブ設計の問題点を理由に挙げる。

それならどう進めるのか。「既存の組織を変えるのは難しい。トップ直属の強い権限を持った〝出島〟をつくって改革に取り組むのも有力なオプションだ」と、ＢＣＧの内田有希昌日本共同代表は主張する。

はっきりしているのは、大胆な変革を先送りするだけの余裕はもはやないということだ。

（山田雄大）

■デジタル競争力で日本は世界27位

—デジタル競争力ランキング—

順位	国名
1	米国
2	シンガポール
3	デンマーク
4	スウェーデン
5	香港
6	スイス
7	オランダ
8	韓国
9	ノルウェー
10	フィンランド
⋮	⋮
27	日本

(注)63カ国・地域が対象
(出所)IMD「世界デジタル競争力ランキング2020」

〔まさかのシナリオ〕大胆なDXに乗り出す。これがまさかのシナリオだ。本文で記

多くの日本企業が、大胆なDXに乗り出す。これがまさかのシナリオだ。本文で記したようにDXは多くの企業にとって必要だが、だからといって成功するとは限らない。大胆な変革であるほど失敗する確率は高い。

個々の企業としてはリスクマネジメントが大事になってくる。例えば、既存事業の強化と新規事業の創出の二兎を追う「両利きの経営」の実践である。

それでも破綻する企業は増えるだろう。そのときに政府が救済の手を差し伸べるのか。コロナ禍で傷ついた経済を考えれば、そうしたくなるのもわからなくはない。ただ、日本企業の競争力強化に向け再編淘汰は避けて通れない。

ならば、政府の役割は再編がしやすい制度やセーフティーネット、再教育制度の充実であり、挑戦を称賛し、失敗を許容する社会づくりだろう。実際に変革に挑む企業は多くないにしても、準備だけは進めておいたほうがいい。

短命を恐れ、小粒政策連発　世界の激変から置き去りに

２０２０年9月に発足した菅義偉政権は確固たる政権基盤を確立できるのか。過去の経験則では、長期政権後の新政権は短命に終わったケースが多いため、この点への関心がいつになく高い。

現在の菅政権は猛烈な向かい風を浴びている状況だ。

新型コロナウイルスの「第3波」によって「Ｇｏ Ｔｏキャンペーン」事業への批判が拡大したのに対し、菅首相が同事業の一時停止の判断を遅らせたため、火に油を注いだ。ＮＴＴドコモの大幅料金引き下げ決定などの携帯電話値下げ策が進展し、首相肝煎りのミクロ経済政策は国民の支持を得ていたが、それが帳消しにされつつある状況だ。

20年12月中旬のメディア各社の世論調査では、内閣支持率は40％台前半まで急落した。こうなると、菅政権は個々のわかりやすい政策をもって「着実に仕事をこなしている」印象を一段と国民に植え付けようとするだろう。菅首相のブレーン、竹中平蔵東洋大学教授が菅首相に進言した「アーリースモールサクセス」の実行を徹底するという方向性だ。

21年を展望すれば、そこにこそ日本の重大リスクが隠されていると言っていい。菅政権が短命への恐怖から「正解のある」小粒の仕事ばかりを優先して、世界の激変に対応するための国家戦略に手をつけない可能性があるからだ。その結果、世界のコロナ禍が一段落し、気づいたときには日本は世界の潮流変化から取り残されていたということになりかねない。

世界は解なき問題と格闘

世界は「正解のない」問題と向かい合っている。格差と社会分断にもがく米国、米中2強時代の世界勢力再編、そしてコロナ禍への対応を含めた世界経済の立て直しなど、時に荒々しさを見せながら次の秩序への模索が続く。一方で、20年夏には欧州連合（EU）が7500億ユーロ（約92兆円）の復興基金創設を決め、財政・政治統合に一歩を踏み出したように、新たな将来像もおぼろげながら見え始めた。

こうした中で、日本に突きつけられている国家戦略課題は、例えば次図のようなものだろう。

管政権は避けている!?

3つの「正解なき」国家戦略

アベノミクスの総括

- 低成長・人口減にどう対応するのか
- 金融・財政政策にどこまで依存していいのか
- 財政健全化の道筋

エネルギー政策

- 漂流する原子力政策の再定義
- カーボンプライシングの導入
- 脱炭素化を国際競争力強化とどう結び付けるか

米中2強時代の安保・経済

- 「自由で開かれたインド太平洋」構想の深掘り
- 米中の覇権主義から日本の国益を守る手立て

(出所)東洋経済作成

まず、菅政権はアベノミクスの継承を唱えているが、その中間総括が不可欠だ。バブル崩壊後の長期停滞の中で、日本は欧米の助言・圧力に従う形で公共事業拡大や構造改革、そしてアベノミクス下の大規模金融緩和へと歩を進めたが、どれも決定打を欠いた。現在では欧米自体が低成長、低インフレ、低金利の「日本化」に陥り、世界中で正解が見えない状況だ。

足元では、低金利の継続の下、財政赤字を恐れず公的支出を拡大させるという処方箋が欧米で勢いを増している。しかし、それに先行して世界で突出した公的債務残高（対国内総生産比）を抱えてしまった日本がはたして再び、欧米の論調に従って突き進んでいいのかは冷静な議論が必要だ。

もちろん、人口減少というハンディを負いながら経済成長と財政健全化を両立させることは一筋縄ではいかないが、かといってコロナ対策で膨張した財政赤字を放置することも避けなければならない。その収束方法を含め、中長期の金融・財政政策のあり方について議論を始める必要がある。

実行力をどこに使うか

正解のない難題という意味では、エネルギー政策も同様だ。２１年は福島原発事故から丸１０年だが、今も事故の後始末に追われ、日本の原子力政策は宙に浮いたまま。本来ならこういうときこそ政治の出番だが、選挙で不利になることを恐れた安倍晋三政権は原子力政策で重要決定をしない方針を続けてきた。その結果、将来のエネルギーミックス（電源構成）構想が定まらず、脱炭素化の政策・産業支援策にも悪影響を与え続けている。

米中2強時代に日本の立ち位置をどうするかについても国論が割れている。神奈川大学の大庭三枝教授は「日米同盟があれば万事ＯＫという時代は終わった。一方で米国との関係を絶って中国に寄っていくこともできないし、中国との関係を完全に絶つこともできない。日本は経済力を背景にアジア地域で大国的に振る舞うこともはやできず、是々非々の大人の外交が求められる」と指摘する。

安倍政権が本格化させた「自由で開かれたインド太平洋」構想を単なる対中包囲網

とはせずに、米中の勢力バランス化やその中での日本の国益確保にいかにつなげていくか。米バイデン政権の1年目となる21年に、日本が消極的な立場でいることは許されない。

菅氏は自著『政治家の覚悟』で「徹底した国民目線で行政の縦割りを打破していくことが政治家の役割だ」と力説し、官僚を指揮して政策を動かす実行力に自信を見せる。しかしそれらが正解のある小粒の政策だけであれば、遠からず国民から飽きられるだろう。

一筋の光明が差したのは、菅氏が所信表明演説で打ち出した50年までのカーボンニュートラル（温暖化ガス排出の実質ゼロ化）宣言だ。国際大学の橘川武郎教授は「首相演説の直前に電力業界からアンモニアを使った火力発電のカーボンニュートラル化計画が発表されていた。実現すれば、原発なしでも実質排出ゼロが射程に入り、がぜん宣言に現実性が出てくる」と指摘する。グリーンニューディールへの取り組みは、経済成長やエネルギー安保・外交にも直結するだけに、21年の日本の浮沈を占うカギを握りそうだ。

（野村明弘）

〔まさかのシナリオ〕自民惨敗で野党政権へ交代

菅政権は「Ｇｏ Ｔｏキャンペーン」継続など経済を優先させすぎた――。新型コロナウイルスの「第3波」が襲った11月以降、野党の批判は高まるばかりだ。

仮に菅政権が新型コロナの感染拡大防止に失敗し、多数の死者や医療崩壊などの状況を招くことがあれば、文字どおり短命に終わって総選挙で自民党が負けるという可能性はゼロではない。分裂していた旧民主党は2020年夏に新・立憲民主党として合流、共産党などとの野党統一候補も定着しており、野党側は一定の地ならしを行っている。

ただ、安倍政権が1強として君臨できた背景には、現実的で魅力的な政策を打ち出せない野党に国民の多くがそっぽを向き、消去法的に与党を選択したということがある。現在も消費減税などの主張を続ける野党が仮に新型コロナを「追い風」として政権を奪取したとしても、かつての民主党政権時と同様の混乱が起きることが予想される。

マネーの暴走は21年が本番 ーIT・環境に潜む落とし穴

2020年11月にNYダウはついに3万ドルをつけ、日経平均株価は2万6000円台に乗った。後者は1991年以来のこと。日本のバブルがガラガラと音を立てて崩壊しだした頃だ。

2021年は「バブル崩壊」の年になるのか。そうではなく、もっと危険な領域にまで膨らみそうだ。

みずほ総合研究所の小野亮理事は、「過去30年のバブル崩壊による大きな金融ショックを振り返ると、単に資産価格が上がっただけではなく、実物投資のブームとそのための資金調達が行われ、債務が膨らんでいたというのがポイントだ」と指摘する。

例えば、日本の80年代後半のバブルは収益性を無視した不動産投資、米国の90年代から2000年のドットコムバブルもIT・通信網への過剰投資を伴い、リーマンショック前夜も米国の住宅バブルがあった。また、その背景には必ず中央銀行が低利で借金しやすい状態をつくっていた。

そして、景気や資産価格の過熱に直面して、中央銀行が利上げに転じると、バブルは崩壊する。

今回は新型コロナウイルス感染症への恐怖から3月にNYダウが1万8500ドル、日経平均は1万6500円まで急落。これを反転上昇させたのは実質マイナスとなった米国の政策金利、FRB（米連邦準備制度理事会）とECB（欧州中央銀行）の大規模な資金供給だ。さらに、トランプ大統領による前例のない財政拡張であふれたドルが株価を押し上げた。

今、特定の分野で投資ブームによる債務が積み上がっているかといえば、そうでもない。企業はむしろ貯蓄を増やしている。みずほ証券チーフクレジットストラテジストの大橋英敏氏は「余裕のある企業は低利の借り入れの一方、現預金を積み上げたり、金利の高い債務の返済を進めたりした。ネットでは負債は膨らんでいない」と話す。

格下げ企業は増えているが、「日米欧とも中銀の社債買い入れなどや、政府による保証融資・資本注入により、収益の低下した企業は債務返済を猶予されている状態だ」と指摘する。

■ 日米欧の中央銀行の資産は急膨張
―FRB、ECB、日銀の資産規模の推移―

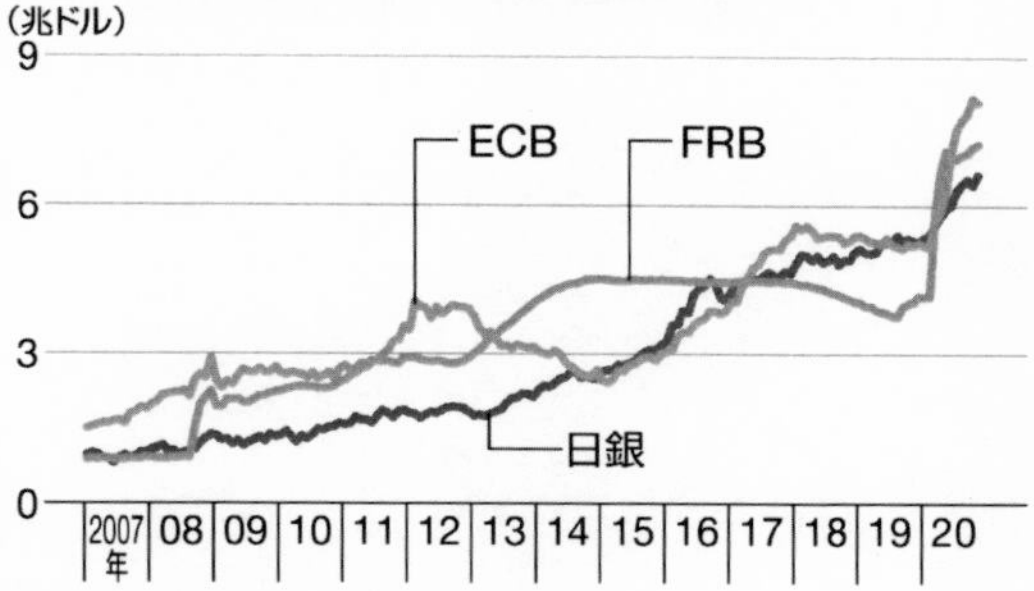

(出所)FRB、ECB、日本銀行

■ 企業の格下げリスクは高い
―格下げ数とネガティブ見通し―

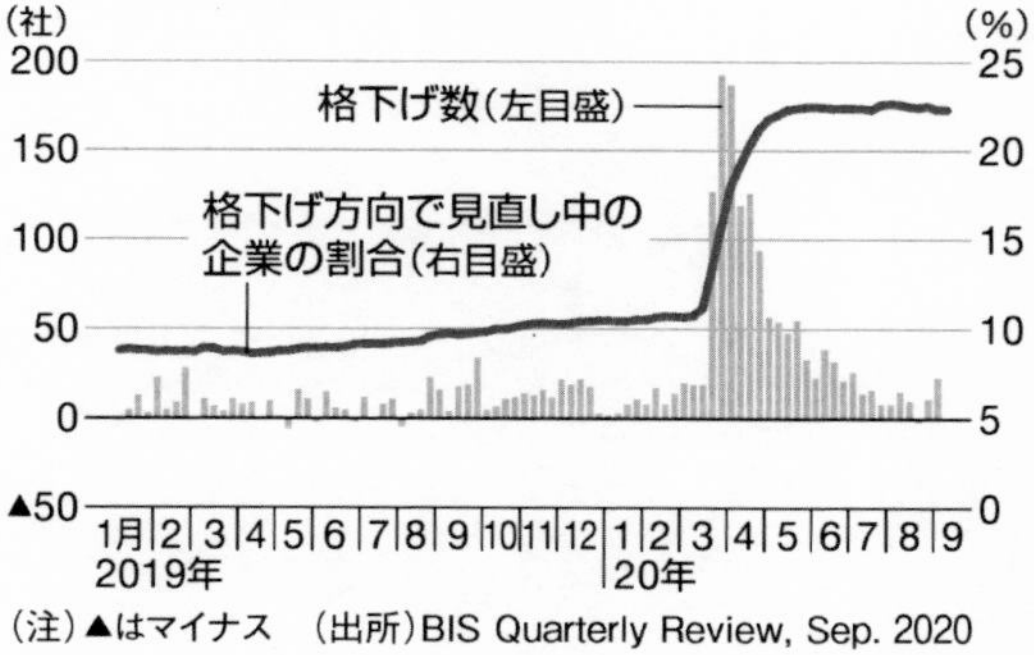

(注)▲はマイナス　(出所)BIS Quarterly Review, Sep. 2020

■実質FF金利はマイナス圏
―FF金利の実勢からPCEデフレーター（前年比）を差し引いたもの―

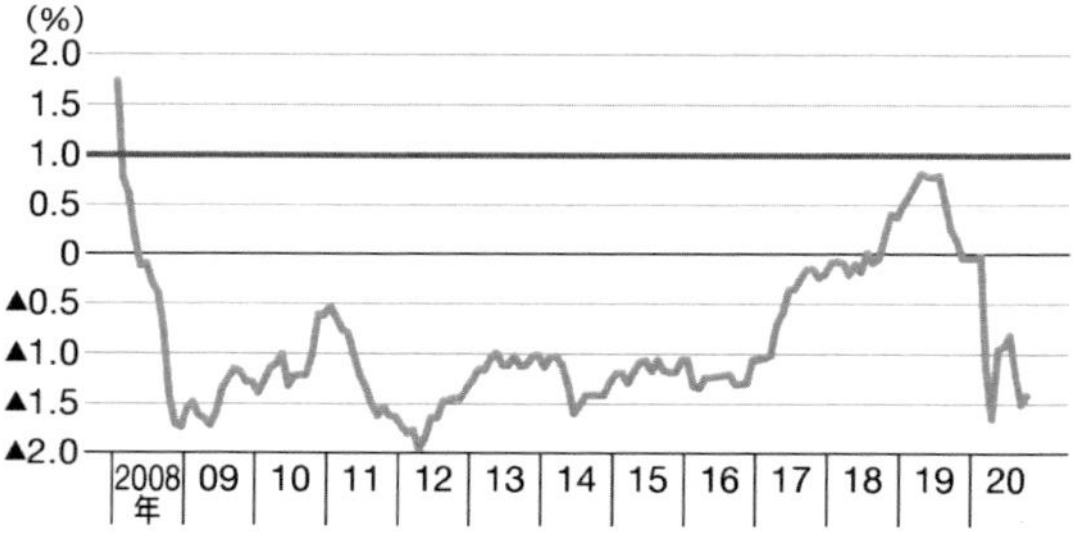

（注）▲はマイナス　（出所）FRB、米商務省

■長期金利は米欧でも急低下
―日、独、米の10年債利回り―

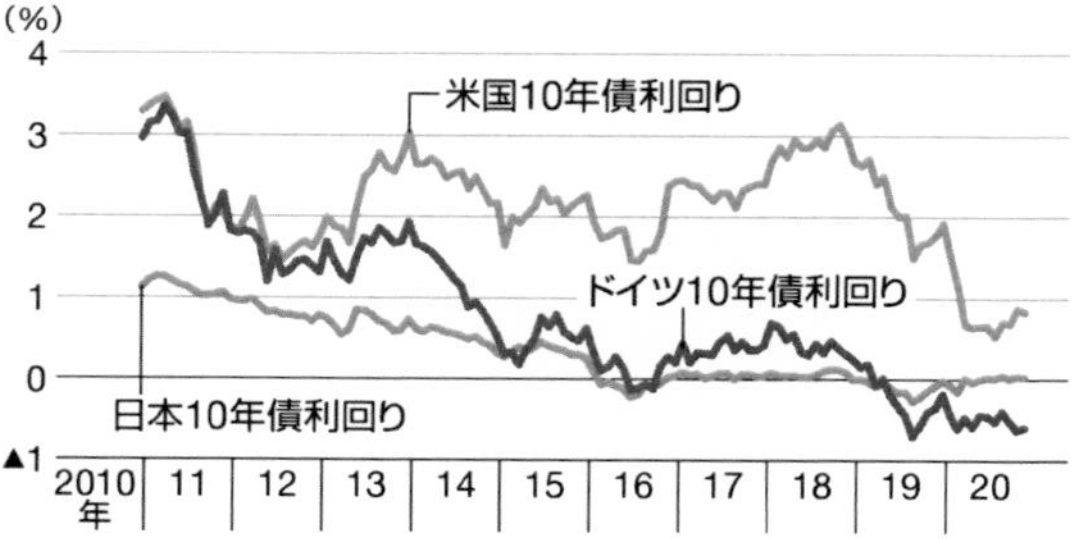

（注）▲はマイナス　（出所）Bloomberg

止められない中銀と政府

ワクチン開発が想定以上に成功してもコロナ禍の悪影響から脱するには時間がかかる。観光や外食関連などの業種で、また、デジタル化のあおりで、長期の雇用喪失とそれによる格差拡大が見えている中、中央銀行、政府は政治的に支援を止められない。投資を後押しする低金利、ドル余り環境は続く。

しかも、21年には実物投資のブームが来ることが見えている。

1つはIT投資。すでに5G（第5世代通信規格）に関わるIT銘柄はスピード違反的な値上がりだが、これから、あらゆる業界、企業がデジタルを駆使したサービス強化と合理化への投資を拡大する。

もう1つが気候変動・環境に対応する脱炭素化への投資だ。EU（欧州連合）の新型コロナ復興基金はこうした分野へ資金を振り向ける「ワイズスペンディング」（賢い支出）を標榜、中央銀行、各国政府を挙げて取り組む。空気汚染に悩み、EV（電気自動車）の世界で日欧を凌駕することを狙う中国もこの投資に拍車をかけている。トランプ政権からバイデン政権へ移行した米国が、遅ればせながら環境投資に舵を切る。世界中の企業が雪崩を打って投資に走る。

ＩＴ投資や環境投資は方向性としては正しいだろう。しかし、投資の理由づけのために描かれる「儲かる図柄」が正しいとは限らない。そして、実際には十分なリターンを上げられない投資が積み上げられていく。金融緩和や財政拡張に見直しが入る頃には投資の採算割れが明確になっている。そうなってからの調整は、大きな打撃となる。

また、その頃には返済猶予的な状況にある低収益企業、ＢＩＳ（国際決済銀行）が問題視する「ゾンビ企業」が増えて、その処理もクローズアップされてくる。国家債務にも注目が集まり、経常赤字の大きい新興国が債務危機に揺れる。一段膨れ上がったバブルはコロナ禍から世界が脱出したとき崩落を迎えるだろう。その流れを決定づけるのが２１年だ。

（大崎明子）

〔まさかのシナリオ〕米利上げで金融市場に危機

２０２１年は世界経済が病み上がり状態で、中央銀行が低金利を続けざるをえず、財政支援も部分的には残るとみられる。

ところが、株高がスピード違反的になり、景気の面でもワクチンが想定以上に効果を上げてくると、インフレ期待が瞬間的に高まり長期金利が上振れする局面も考えられる。その場合、市場はＦＲＢがこれを抑えることに期待するだろう。ところが、もし、ＦＲＢが先行き景気に強気なコメントを発して、少しでも緩和的な政策を見直す動きを示せば、１３年のバーナンキショックのように市場は大きく動揺する。市場は、ＦＲＢが２３年までゼロ金利を続ける、２％を超えるインフレを許容する、とみているが、それが裏切られたとき、何が起きるか。

米国のゼロ金利長期化により、新興諸国も資金流出を気にせずに金利を引き下げてきた。それが逆転する気配だけで、２１年後半には金融市場の危機が始まるかもしれない。

民間有力エコノミストのシナリオ

どうなる？　2021年の日本経済

新型コロナウイルスの影響で、2020年度（20年4月～21年3月）は1年を通じてコロナ禍の影響を受ける。この先、日本の景気はどうなるのか。18人の有力な民間エコノミストにアンケートを行った。（対象は以下のとおり：敬称略）

足立正道（UBS証券）
上野泰也（みずほ証券）
鵜飼博史（JPモルガン証券）
吉川雅幸（三井住友DSアセットマネジメント）
熊谷亮丸（大和総研）

河野龍太郎（ＢＮＰパリバ証券）
小玉祐一（明治安田総合研究所）
小林真一郎（三菱ＵＦＪリサーチ＆コンサルティング）
斎藤太郎（ニッセイ基礎研究所）
嶋中雄二（三菱ＵＦＪモルガン・スタンレー証券）
新家義貴（第一生命経済研究所）
末廣　徹（大和証券）
武田洋子（三菱総合研究所）
増田貴司（東レ経営研究所）
枩村秀樹（日本総合研究所）
丸山義正（ＳＭＢＣ日興証券）
美和　卓（野村証券）
山川哲史（バークレイズ証券）

21年度も新型コロナ次第

まず、20年度の実質GDP（国内総生産）成長率予測は、三菱UFJモルガン・スタンレー証券・景気循環研究所長の嶋中雄二氏のマイナス4・8％から大和証券シニアエコノミストの末廣徹氏のマイナス5・9％まで幅があり、マイナス5％台前半とする回答が多かった。

民間部門は、消費、住宅支出、企業の設備投資とも大きく落ち込み、輸出は2桁の減少になる見通しで、政府の支出、公共投資で下支えする形だ。「営業自粛、GoToキャンペーンの一部停止などの措置が長期化すれば、年初に景気が踊り場入りするリスクがある」（三菱UFJリサーチ&コンサルティング主席研究員の小林真一郎氏）ため、予断を許さない。

21年度はどの程度回復するのか。実質GDP成長率予想で最も高いのはUBS証券チーフエコノミストの足立正道氏の5・0％、最も悲観的なのは大和証券の末廣氏の1・7％と差が大きい。2％台が4人、3％台が6人、4％台が6人。例年よりもばらつきが大きくなったのは、新型コロナの終息に関しどのような前提を置くかという要素が加わったからだろう。

「新型コロナウイルスに有効なワクチンがいつ普及して集団免疫の状況が出来上がるかが、内外経済ともに、最大の焦点になる」（みずほ証券チーフマーケットエコノミストの上野泰也氏）

いずれにせよ、各氏の予想を見ると、２０年度の落ち込みを２１年度にすべて取り戻して１９年度を上回るような数字にはなっていない。

設備投資に大きな懸念

次に、ＧＤＰの中身について見てみよう。

輸出については足元で生産の回復が進んできたこと、世界的な金融緩和とドル安を背景に新興国経済が堅調なことから、内需よりは回復が早いとみられている。コロナ禍の影響で、外食、レジャーなどのサービス関連で落ちた分、財、とりわけデジタル関連に集中している点も寄与している。

民間最終消費支出は、ＵＢＳ証券の足立氏が前年度比６・１％増、ＳＭＢＣ日興証券チーフマーケットエコノミストの丸山義正氏は５・２％増と比較的強いが、同２～３％台の伸びとしか見込まない向きが多い。

２０１９年１０月に消費税率が８％から１０％に引き上げられたため、新型コロナの問題がなくても、消費の地合いは弱かった。総務省の「家計調査」の「消費支出（２人以上の世帯）」を見ると、５月を底に上向いてきたものの、１９年１０月から前年割れが続き、消費増税の影響が一巡した２０年１０月に、ようやく前年同月比でプラスになった。とくに、電子レンジや冷蔵庫などは大幅な反動増となり、このあたりは巣ごもり消費の面もあるだろう。一方、１０月には、Ｇｏ Ｔｏキャンペーンによる外食や旅行の押し上げ効果があったため、ここから先はその剥落の影響もある。

民間住宅支出は大幅な落ち込みからほとんど回復せず、みずほ証券の上野氏の前年度比３・５％減を筆頭に５人がさらなる減退が続くと予想している。

設備投資も回復が鈍い。「日銀短観」１２月調査では、２０年度の企業の設備投資計画は、大企業製造業で前年度比0・5%減（9月は3・5%増）、非製造業では1・6%減（9月は0・1%増）と下方修正になった。

デジタル投資などは継続されるものもあると思われるが、投資マインドは21年度も低調が続く予想だ。収益低迷と、日本国内においてはもともと将来の成長期待が低下していること、さらには「危機に備えて現預金を確保しておいたほうが勝ち組になったという誤った成功経験」（BNPパリバ証券チーフエコノミストの河野龍太郎氏）もこうした傾向を強めてしまう。設備投資意欲の減退は1人当たりの資本装備率に関わり、将来の潜在成長率を押し下げる方向に働いてしまうため要注意だ。

雇用環境はどうか。完全失業率は19年10月の2・2%を底に足元の3・1%まで上昇してきた。雇用調整助成金や持続化給付金などで支えられ、また、人口動態の影響から日本は構造的な人手不足状態なので、この先も大きな悪化はないという見通しだ。21年度の完全失業率は日本総合研究所・調査部長の枩村秀樹氏が最も厳しく3・5%まで高まるという予想。BNPパリバの河野氏、野村証券チーフエコノミストの美和卓氏が2・6%まで低下するとみている。

政府支援で支えられているのは、主に正社員や個人事業主で、非正規雇用者、パート・アルバイトなどは調整弁となりがちだ。20年4~5月の緊急事態宣言で解雇された非正社員などがその後、戻ってきているが、サービス業での営業自粛などが長引けば、また雇い止めが増加していくおそれがある。また、この先、中小企業の廃業の動きや企業収益の後退が長引けば、正社員の雇用も守り切れなくなる。

インフレ率見通しは低いままだ。CPIコア（消費者物価指数の生鮮食品を除く総合。消費増税の影響を除く）の前年度比は、20年度に需給ギャップの拡大でマイナスとなりそうだが、21年度についても4人がマイナスと予想、プラス予想のうち最も高い三菱UFJモルガン・スタンレーの嶋中氏でも0・9%で、1%に届かない。

ドル安気味で株高

日本ではもはや物価目標は語られることも少なくなったが、日本銀行との関連で注目されるのは為替の動きだろう。17年以降、ドル円相場は値動きが乏しくなっていた。しかし、19年度の終わりには、コロナ禍が始まった20年2月から3月にかけて1ドル＝112円台から102円台へと急上昇した。その後111円台に戻ったが、20年度に入りジリジリとドル安が進み、足元では104円台。

21年度は回答のあった15人のうち8人が100円割れを予想した。三菱総合研究所チーフエコノミストの武田洋子氏は90〜120円と大きな値幅の可能性を予想している。今の値動きは円主導ではなく、ドル安が起因だけに、日銀は動きにくい。ただ、かつてのような80円台といった大幅な円高は予想されないようだ。

株価については米国主導の金融緩和と財政拡張が続いていることから、引き続き、高めの予想が並んだ。15人の回答者のうち8人が日経平均株価3万円台乗せを予想。

日銀の金融政策も尋ねたが、どちらかといえば「追加緩和へのバイアスは維持」（バークレイズ証券チーフエコノミストの山川哲史氏）し、22年度末まで変更はなし、というのが大勢。三菱UFJモルガン・スタンレーの嶋中氏は「22年7月にマイナス金利を解除。10年国債利回りの目標レンジを0・1％上方にシフト」、三菱UFJリサーチ&コンサルティングの小林氏は「22年中に国債の無制限買い入れの修正、ETF（上場投資信託）の年間買い入れ額の縮小」と回答した。

■ 3万円到達の予想がほぼ半数に

—2021年度の日経平均株価の予想—

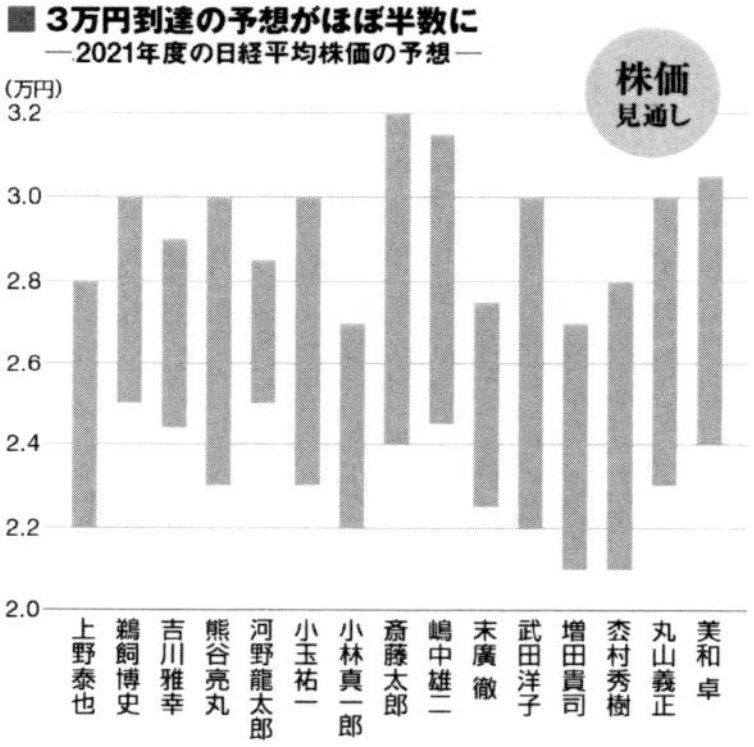

(注)氏名は五十音順

■ ドル安から来る100円割れに突入しそう

—2021年度ドル円相場の見通し—

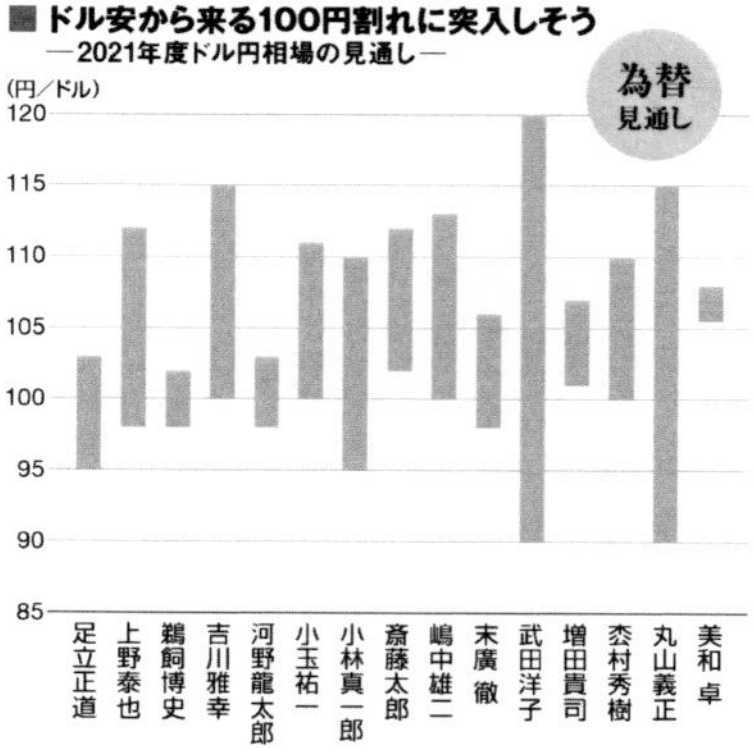

(注)氏名は五十音順

痛みを伴う改革は可能か

菅義偉政権の政策をどうみるかも質問した。生産性の引き上げ、デジタル化の推進、グリーン投資など方向性には賛同が多かった。

一方で、「本丸は縦割り行政の是正に加え、労働市場の改革と、企業投資の促進策を打ち出すこと」（三井住友DSアセットマネジメント・チーフマクロストラテジストの吉川雅幸氏）、「信認を得た後は、雇用制度改革や雇用者確保のための構造改革政策への取り組みを」（JPモルガン証券チーフエコノミストの鵜飼博史氏）、「企業には企業・事業再編による大規模化・集中化とジョブ型雇用の促進、個人には自身のキャリア構築への意識向上とリカレント教育が求められる」（UBS証券の足立氏）、「75歳以上の医療費窓口負担を1割から2割へ引き上げる改革は、自助、共助、公助の観点から実行していただきたい」（三菱総研の武田氏）と、痛みを伴う改革を求める声が出た。

「デフレ脱却や財政健全化への現実的な道筋など、マクロ経済のビジョンを示す必要がある。携帯電話料金の引き下げや地方銀行の再編なども、マクロ経済への影響を示さなければただの人気取りで終わる」（大和証券の末廣氏）との指摘もあった。

（大崎明子）

【週刊東洋経済】

本書は、東洋経済新報社『週刊東洋経済』2020年12月26日・1月2日合併号より抜粋、加筆修正のうえ制作しています。この記事が完全収録された底本をはじめ、雑誌バックナンバーは小社ホームページからもお求めいただけます。

小社では、『週刊東洋経済eビジネス新書』シリーズをはじめ、このほかにも多数の電子書籍ラインナップをそろえております。ぜひストアにて「東洋経済」で検索してみてください。

『週刊東洋経済eビジネス新書』シリーズ

No.340　病院が壊れる

No.341　就職氷河期を救え！

No.342　衝撃！ 住めない街

No.343　クスリの罠・医療の闇

No.344　船・港　海の経済学

No.345 資産運用マニュアル
No.346 マンションのリアル
No.347 三菱今昔 150年目の名門財閥
No.348 民法&労働法 大改正
No.349 アクティビスト 牙むく株主
No.350 名門大学 シン・序列
No.351 電機の試練
No.352 コロナ時代の不動産
No.353 変わり始めた銀行
No.354 脱炭素 待ったなし
No.355 独習 教養をみがく
No.356 鉄道・航空の惨状
No.357 がん治療の正解
No.358 事業承継 M&A

No.359　テスラの実力
No.360　定年消滅
No.361　激動の半導体
No.362　不動産　勝者と敗者
No.363　弁護士業界　最前線
No.364　ＹｏｕＴｕｂｅの極意
No.365　デジタル大国　中国
No.366　地銀　大再編
No.367　おうちで稼ぐ！
No.368　老後マネーの育て方
No.369　製薬　大リストラ

週刊東洋経済eビジネス新書　No.370
リスクシナリオ 2021

【本誌（底本）】
編集局　野村明弘、大崎明子、中村　稔、山田雄大、西村豪太、福田恵介、岡田広行
デザイン　熊谷真美、杉山未記、鈴木知哉
進行管理　鈴木　智、下村　恵
発行日　2020年12月26日

【電子版】
編集制作　塚田由紀夫、長谷川　隆
デザイン　市川和代
制作協力　丸井工文社
発行日　2021年9月22日　Ver.1

発行所　〒103-8345
東京都中央区日本橋本石町1-2-1
東洋経済新報社
電話　東洋経済コールセンター
03（6386）1040
https://toyokeizai.net/
発行人　駒橋憲一

電子書籍化に際しては、仕様上の都合などにより適宜編集を加えています。登場人物に関する情報、価格、為替レートなどは、特に記載のない限り底本編集当時のものです。一部の漢字を簡易慣用字体やかなで表記している場合があります。本書は縦書きでレイアウトしています。ご覧になる機種により表示に差が生じることがあります。

※本刊行物は、電子書籍版に基づいてプリントオンデマンド版として作成されたものです。